»DIE STRASSE KANNST DU NICHT BEZWINGEN.«

TRUE TALES

DUMONT

MICHAEL OBERT

KARMA HIGHWAY

EINE HÖLLENFAHRT IN DIE SEELE INDIENS

TRUE TALES

DUMONT

DuMont TRUE TALES

1. Auflage 2017

Umschlag- und Reihengestaltung: ZERO Werbeagentur, München
Umschlagillustration: © FinePic / shutterstock
Autorenfoto: David Fischer
Fotos Innenteil: Michael Obert

Printed in Europe
ISBN: 978-3-7701-6970-2

www.dumontreise.de

DUMONT

INHALT

GOOD
LUCK
SPEED

DIE SPUR ENTSTEHT IM FAHREN

Der Reisebus kommt direkt auf uns zu. Schnell. Unausweichlich. Wir sind auf der Überholspur eingeklemmt, zwischen einem Sattelschlepper und dem Rand des Asphalts. Die Scheinwerfer des Busses blenden auf, ihr Licht zerspringt auf unserer Windschutzscheibe. Noch 200 Meter, 100, 50.

Im letzten Moment reißt Sitaram das Lenkrad herum. Unser Lastwagen schwankt, schlingert, zieht hinüber auf seine Spur, doch es reicht nicht, nein, es … gleich kracht es, frontal, mit 80 Sachen – der Bus, die erhobene Faust des Fahrers, seine grausige Grimasse, eisblau im Licht der Bordlampe. Gleich. Jetzt. Augen zu. Zuerst die Druckwelle. Dann ein markerschütternder, dumpfer Knall. Ich reiße die Augen auf, ringe nach Luft. Schwarz. Alles schwarz. Nein, nicht das Jenseits. Nur der National Highway 6 unter einem sternenlosen Nachthimmel, irgendwo in Westbengalen.

Es herrscht Krieg auf den Straßen Indiens. Seit Sonnenuntergang stecken wir mittendrin. Sitaram verzieht keine Mine. Die linke Hand lässig auf dem Lenkrad, kurbelt er mit der rechten die Scheibe herunter und rückt seelenruhig den Außenspiegel zurecht. Der Reisebus hat ihn gestreift. 2200 Kilometer sind es auf der Fernstraße von Kalkutta nach Mumbai, doch am Ende entscheiden Millimeter über Leben oder Tod.

Wer das Wesen einer Nation ergründen wolle, behaupten Soziologen, brauche sich nur anzusehen, wie sich die Leute im Straßenverkehr verhielten. Auf Indiens Straßen stirbt alle fünf Minuten ein Mensch. Jedes Jahr sind es fast 150.000, dazu kommen rund eine Million Verletzte. Das motorisierte Chaos fordert hier mehr Opfer als irgendwo sonst auf der Welt.

Offiziell herrscht in Indien Linksverkehr. Doch niemand kümmert sich darum. Die Spur entsteht im Fahren. Verkehrsregeln, Schilder und Ampeln werden kaum beachtet. Stattdessen gilt das Recht des Stärkeren, gestaffelt nach Kampfgewicht, Hubraum und PS. Ganz oben stehen Reisebusse und Lastwagen, darunter Kombis und Pkw, und so geht es weiter bis in die Niederungen motorisierter Rikschas, deren Felgen mit Metallspitzen bestückt sind wie bei römischen Streitwagen. Sie sind dem Mopedfahrer überlegen. Der dem Radfahrer. Der wiederum dem Fußgänger, der statt über Rechte nur noch über seine Verletzbarkeit verfügt. Die Hälfte aller indischen Verkehrstoten sind Fußgänger. Wer zu Fuß geht, ist Beute, Fleisch.

Indien verstehen? Ein Milliardenvolk mit über zwanzig Sprachen und Hunderten von Göttern, die nach China weltweit am stärksten expandierende Volkswirtschaft? Indien enträtseln auf einem Trip von Ost nach West, einmal quer durch den Subkontinent, auf einer der anarchischsten Fernstraßen Südasiens? Am höchsten, hatte ich mir ausgerechnet, wären meine Überlebenschancen auf dem National Highway 6 mit einem, der das Chaos meistert und unter brutalsten Bedingungen durchhält, durchhalten *muss*, Tag für Tag, mit einem, der im indischen Verkehr ganz oben steht und, wenn es hart auf hart kommt, die Muskeln spielen lässt – mit einem indischen Trucker.

Keiner meiner Freunde in Kalkutta glaubte, dass ich einen Fernfahrer finden würde, der mich mitnähme. Wer wollte dort draußen schon das Leben eines Passagiers riskieren? Und dazu noch das eines weißen? Nach einer Reihe von Absagen landete ich hinter dem New Market in Kalkutta schließlich in Mister Prasads Büro. Mister Prasad, ein geschäftstüchtiger, kleiner

Speditionsagent, den ich nie ohne frisch gebügeltes Hemd und polierte Lederschuhe sah, gilt im Transportgeschäft als Mann für knifflige Fälle. Vor drei Jahrzehnten verschiffte er die persönlichen Effekten von Günter Grass zurück nach Deutschland, nachdem dieser mehrere Monate in Indien verbracht hatte.

Der Nobelpreisträger schenkte Mister Prasad für seine verlässlichen Dienste ein signiertes Autorenfoto. Ob es heute noch sein Wohnzimmer zieren würde, wenn Mister Prasad wüsste, dass Grass in seinem Tagebuch *Zunge zeigen* Kalkutta als »Scheißhaufen Gottes« bezeichnet? Aber Grass hing noch. Direkt neben dem Hausaltar. Mein Glück, denn jetzt saß wieder ein Deutscher vor Mister Prasad, ebenfalls ein »Poet«, wie er sich freute, und erneut war dieser auf seine Hilfe angewiesen – mir wurde sozusagen die Ehre einer Grass'schen Reinkarnation zuteil.

Im Fahrerhaus des Lastwagens lösen sich meine Fingernägel aus den Sitzpolstern. Der Außenspiegel ist wieder in Position, aber der dumpfe Knall sitzt mir noch in den Knochen. Ich bin unterwegs. Nach Mumbai. Eine Woche nach meinem ersten Besuch bei Mister Prasad. Mit einem Empfehlungsschreiben des Verkehrsministers. Am Steuer: Sitaram Roy. Eine gefühlte Ewigkeit kann Sitaram auf die Straße starren, ohne ein Wort zu sprechen, entrückt in eine rätselhafte Melancholie. Seine Arme sind spindeldürr, seine Augen verträumt, die Haare knabenhaft aus der Stirn gestrichen. Nach seinen Papieren ist er 24 Jahre alt, nach seinem Aussehen 18. Höchstens. Er sitzt auf einem am Boden festgeschweißten Campingstuhl, gelassen wie ein Buddha, das riesige Lenkrad zwischen die Beine geklemmt. Von der Kabinenwand blättert blauer Lack. Die Ablagen sind rostig. Die Armaturen funktionieren längst nicht mehr. Nur die Tachonadel zittert zwischen 40 und 50 Stundenkilometern.

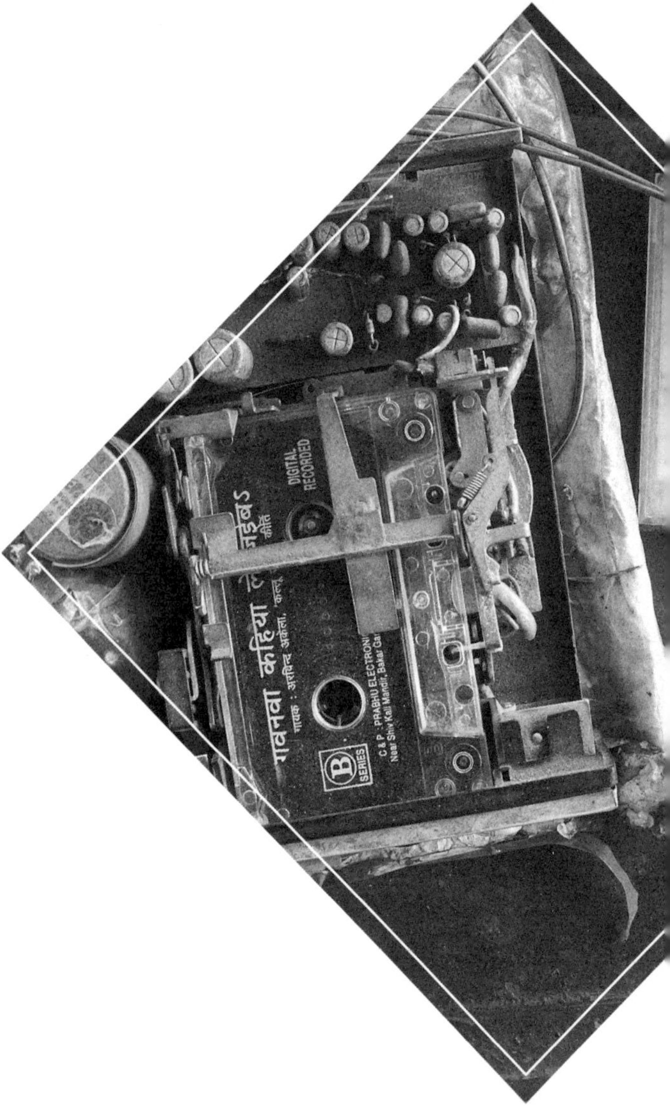

DIGITAL RECORDED
गवनवा कहिया
B SERIES
C & P : PRABHU ELECTRONI
Near Shiv Kali Mandir, Bakar Gar

I – AM – IN – LO-OVE

Alles, was ich über Sitaram weiß, ist, was Mister Prasad mir in Windeseile erzählt hatte, bevor er mich in Kalkutta in den Lastwagen schob: Sein Vorname bedeute *der Göttin Gemahl*, geboren wurde er im nordindischen Bundesstaat Bihar, Führerschein seit sechs Monaten, »kein Alkohol, keine Drogen, keine Frauen, kein Problem«. Sein *second driver* heißt Lal Babu. Der Teenager mit flaumigem Bärtchen und pechschwarzen Füßen stamme aus demselben Dorf in Bihar. Sitarams Onkel habe ihm den Jungen geschickt, damit er ihn unter seine Fittiche nähme und aus ihm einen anständigen Fernfahrer mache.

Lal Babu ist seit unserem Aufbruch gut gelaunt – solange er an einem Joint ziehen kann. Sehr zum Ärger von Sitaram, der bei Vollgas beide Hände vom Lenkrad nimmt, um den Rauch aus dem Fenster zu fächeln. Sofort gerät der Tata 1312, ein Zweiachser mit fünf Meter hohem Containeraufbau, gefährlich ins Schwanken, und hinter meiner Stirn laufen beunruhigende Bilder ab: ein sich überschlagender Truck, zertrümmerte Kabine, überall Blut und 800.000 für den Export bestimmte Lederschuhe, verstreut auf westbengalischen Reisfeldern.

Sitaram und Lal Babu sprächen kaum Englisch, hat mir Mister Prasad noch nachgerufen. Wie sollen wir uns in den kommenden 200 Stunden verständigen?

»Ich heiße Michael«, versuche ich es auf Englisch.

»Okay, Sahib!«

Sahib. So wurden Europäer in der Kolonialzeit angeredet; ursprünglich bedeutet das Wort: Besitzer.

»Nicht Sahib, bitte! Ich bin Michael! Michael, okay?«

»Okay, Sahib!«

Was ich auch sage, die beiden antworten immer »Okay, Sahib!« – und mir wird allmählich klar: Sie sprechen nicht kaum Englisch, sondern kein Wort.

Neben Sitarams Campingstuhl gibt es in der Kabine keine weiteren Sitze. Als Beifahrer reisen Lal Babu und ich mit gekreuzten Beinen auf einem Brett ohne Rückenlehne. Jedes Schlagloch, jede Kurve, jeden Schaltvorgang muss die Muskulatur ausgleichen. Draußen zieht das nächtliche Indien vorbei: gespenstische Industriegebiete, verlassene Städte, auf Gehwegen liegen in Decken eingerollte Gestalten im diffusen Licht der Straßenlaternen. An einer Mautstelle sitzt ein einsamer Alter hinter der milchigen Scheibe des Kassenhäuschens, nimmt Sitarams Rupien entgegen und drückt ihm einen bekritzelten Zettel in die Hand, unsere Scheinwerfer erfassen einen Computerausdruck mit der Aufschrift *Do not spit here*, dann streichen sie wieder über die entvölkerten, staubigen Straßen des schlafenden Subkontinents, ein sonderbarer Kontrast zum ameisenhaften Gewusel Indiens bei Tag.

Erst auf dem National Highway 6, vier Stunden westlich von Kalkutta, herrscht Hochbetrieb. Lastwagen. Endlose Schlangen in beiden Fahrtrichtungen, nächtliche Prozessionen im Weihrauch der Straße. Sitaram wühlt in einem Stapel Musikkassetten mit sonnengebleichten Aufdrucken, um es dann doch bei dem immergleichen Stück zu belassen: *Na Na Karte Pyar*, der Soundtrack des berühmten Bollywood-Streifens *Dhadkan*. Ich kann den Text, der auf Hindi ist, nicht verstehen, doch in der hohen, leicht vibrierenden Frauenstimme scheint ein Verlust anzuklingen, auch Heimweh, Schmerz, das Verlangen nach Liebe, ein Versprechen, welches auch immer; dann wechselt der Refrain auf einmal ins Englische und die Frau singt:

I am in love
I am in love
I – am – in – lo-ove

जय हनुमान
माँ दुर्गा
शिव
जय
माँ
HR·38
BG4906

An der Rückwand der Kabine hängt an Ketten mein Bett. Lal Babu hat das Holzbrett für mich geräumt, damit ich dort schlafen kann. Auf dem Rücken liegend, stößt meine Nase an das Dach wie an den Deckel eines Sargs. Durch einen Vorhangschlitz sehe ich hinaus in die Kabine, eine fluoreszierende, Marihuana umwölkte Kapsel, die uns durch ein Universum zwischen Albtraum und Wirklichkeit trägt, durch Meteoritenschauer von Aufblendlichtern entgegenkommender Vierzigtonner.

I am in love. Sitaram stimmt mit knabenhafter Stimme ein, singt gegen den Schlaf und die Druckwellen des Gegenverkehrs an, die bis in die kleinsten Hohlräume des Tata dringen und den Truck sekundenlang erzittern lassen. Nie zuvor habe ich so viel über den Tod nachgedacht wie in dieser ersten Nacht.

Endlich leuchtet am Morgen ein roter Streifen am Horizont auf. Wenig später schaltet Sitaram die Scheinwerfer aus. Hinter Kharagpur fahren wir durch ein topfebenes Westbengalen. Über den Reisfeldern liegt ein Dunstschleier. Strohgedeckte Lehmhäuser. Verstaubte Eukalyptusbäume. Aus allen Richtungen schießen Mopeds auf die Straße, mit vier, manchmal fünf Leuten hinter dem Lenker. Geisterfahrer rasen auf uns zu, weil ihr Weg auf unserer Seite kürzer ist. Kreuz und quer radeln Schüler. Traktoren mit eiernden Rädern, überladene Anhänger, ungesicherte Baustellen.

Lal Babu – einen Joint zwischen den Lippen – walzt frischen Teig und wirft ihn auf das Backblech über der Gasflasche: Chapati, indisches Fladenbrot. Plötzlich stehen Wasserbüffel auf der Straße. Eine ganze Herde. Sitaram bremst nicht gern. Bremsbeläge sind teuer. Er bevorzugt Hupe und Gaspedal. Lal Babu wendet die Chapati. Sitaram umkurvt die Büffel. Mit einer Hand. Die andere fummelt an den Drähten des Kassettenrekorders. Aus den Lautsprechern scheppert Volksmusik aus Bihar. Dann sind die Chapati fertig. Frühstück. Der Fahrtwind kühlt den Tee.

An der Bundesgrenze zwischen Westbengalen und Jharkhand stauen sich Lastwagen. Sitaram bleibt wie immer gelassen, doch Lal Babu ist nicht wiederzuerkennen. Schreiend rennt er draußen auf der Straße umher. Um uns einen Vorteil zu verschaffen – einen Meter hier, einen halben da –, tritt er gegen Reifen, schlägt mit der flachen Hand an Autotüren. Die Fahrer hupen, drängeln, rempeln mit den Stoßstangen und drohen sich mit Fäusten. Um jeden Zentimeter wird verbissen gekämpft.

Die Szenerie ist ein ohrenbetäubendes Sinnbild für ein Indien, in dem im Schnitt 350 Menschen auf einem Quadratkilometer leben. Über die Hälfte mehr als in Deutschland. Gut 1,2 Milliarden Inder sind es gewohnt, sich ihren Platz auf engstem Raum zu erkämpfen. Wenn nötig mit den Ellbogen. *Cut-throat* heißt das hier: Kehlenschneiden. An Schulen und Universitäten, bei der Arbeit, in der Schlange vor dem Postschalter, im Restaurant, im Kino – und natürlich auf der Straße.

Mit dem Wirtschaftsboom geht eine schnelle Massenmotorisierung einher. 2009 wurden rund 1,5 Millionen Autos neu zugelassen, 2010 waren es zwei Millionen, bis 2020 sollen es dreimal so viele sein. Indien gibt Gas. Zugleich ist nach einer Studie der Weltbank die Hälfte der Straßen, also mehr als anderthalb Millionen Kilometer, in katastrophalem Zustand. »*Our roads don't have a few potholes*«, stellte schon in den Neunzigerjahren der damalige indische Premierminister Atal Bihari Vajpayee fest. »*Our potholes have a few roads.*« Statt wenige Schlaglöcher in der Straße wenig Straße um die Schlaglöcher. Der gesamtindische Verkehrsinfarkt scheint nur eine Frage der Zeit.

Sitaram beißt sich durch. Unermüdlich legt er sich im Stau vor der Bundesgrenze ins Zeug, rackert, kämpft, verschenkt keinen Millimeter. Als wir endlich den westbengalischen Grenzposten erreichen, besteht dieser nur aus einem hölzernen Schlagbaum in einer steinigen Öde; dahinter ächzt der Tata in Schrittgeschwindigkeit über die pockennarbige Piste,

GJ12

HINO

im Gebüsch liegen umgekippte Laster wie nach einem Raketenangriff.

Auch drüben in Jharkhand: *cut-throat*. An die hundert Fahrer hauen sich gegenseitig die Ellbogen in die Rippen, um ihre Papiere in die günstigste Position vor den Zollbeamten zu bringen, die unter zusammengenähten Phosphatsäcken sitzen und ungeniert Geldscheine in die Tasche stecken. *Facilitation payments* – Erleichterungsgebühren – sind unterwegs immer dann fällig, wenn Zoll, Polizei oder Militär zu zügiger Abfertigung ermuntert werden wollen. Trotz der Schmiergelder kostet uns die Bundesgrenze vier Stunden. Am Übergang zwischen Jharkhand und Orissa dauert es am folgenden Tag fast doppelt so lange. Durch Bürokratie und Korruption aufgeblähte Wartezeiten kosten die indische Volkswirtschaft jährlich bis zu 23 Milliarden Rupien, umgerechnet knapp 400 Millionen Euro.

KGN
TAUFIK
SHAHRUKH
TATA

DER TIGER JAGT NACHTS

Am dritten Nachmittag unserer Reise erheben sich in der Ferne die pastellblauen Berge des Chota-Nagpur-Plateaus, während wir durch den dünn besiedelten Bundesstaat Orissa fahren: verbrannte Gräser, welkes Laub, dann wieder Reisfelder, Bambushaine und Eukalyptuswälder; dazwischen rot blühende Bäume, wie Flammen im Grau des dunstvergangenen Morgens …Keonjhar … Govindpur … Pal Lahara … an den Lehmfassaden windschiefer Häuser kleben Kuhfladen wie Pfannkuchen; getrocknet dienen sie als Brennstoff für die Kochfeuer. Bauern in um die Beine geschlungenen Dhotis radeln, die Hacken geschultert und gedrehte Tabakblätter rauchend, auf ihre Äcker; in den Abendstunden werden sie inmitten des Weizens stehen, die Arme hinter dem Rücken verschränkt, als lauschten sie dem Aufgehen der Saat.

Bei Joshipur, einer kleinen Stadt am Fuß dicht bewaldeter Hänge, verkümmert der National Highway 6 zu einer Dorfstraße. Ganze Schulklassen wandern auf dem zerfressenen Asphalt, Frauen balancieren Brennholzbündel oder dickbauchige Wasserkrüge auf ihren Köpfen, Händler gehen gebeugt unter der Last ihrer Säcke, skelettöse Ziegen, Kühe, Ochsenkarren behindern die Fahrt. Während es in den indischen Ballungszentren immer mehr Autos gibt, können sich die meisten Menschen hier nicht einmal eine Busfahrkarte leisten. Orissa gehört zu jenen Regionen Indiens, in denen insgesamt 350 Millionen Menschen mit weniger als einem Dollar am Tag auskommen müssen und nur jedes zweite Kind genug zu essen hat. Hier ist der indische Wirtschaftsboom nicht angekommen. Er fährt durch.

Als wir in der alten Diamantenstadt Sambalpur tanken, hält neben uns ein nagelneuer Geländewagen. Ich bitte den Mann am Steuer, zwischen Sitaram und mir zu übersetzen. Doch wie die meisten Inder hält auch Ashok Kumar, IT-Manager aus Raipur, Fernfahrer für betrunkene Freaks und *speed devils*, die wehrlose Leute über den Haufen fahren und dann einfach abhauen.

»Ich rede doch nicht mit so einem! Ich beschmutze mich doch nicht!«, empört sich Mister Kumar und beäugt skeptisch mein verdrecktes Hemd. »Die waschen sich nicht. Schwanzgesteuerte Verbrecher sind das. Stecken überall ihr Ding rein. Übertragen AIDS wie Moskitos die Malaria.«

Dann gibt er Gas und sucht das Weite.

Tankwart Arun hat kein Problem mit Lastwagenfahrern. Während der junge Mann in Jeans und Ferrari-Shirt für uns übersetzt, beginne ich zu begreifen, dass hinter der fatalen Verve des indischen Straßenverkehrs mehr steckt als nur die Enge in einem überbevölkerten Land. »In Mumbai drohen uns die Leute«, sagt Sitaram und sieht sich nervös um; außerhalb des Trucks wirkt er unsicher und klein. »Sie sagen: Kommt nur und holt euch eure Prügel ab! Zur Einäscherung schicken wir euch zurück nach Bihar!«

Die meisten indischen Fernfahrer stammen aus dem Bundesstaat, der sich vom Fuß des Himalaja bis in die Ausläufer des Hochlands von Dekhan zieht und in dem über 40 Prozent der Menschen unter der Armutsgrenze leben. Die Kindersterblichkeit zählt zu den höchsten in Indien. Tausende von Lehrern fehlen. In Nord-Bihar, in Bezirken wie Muzaffarpur, Darbhanga oder Chapra, besitzt die Hälfte der Bauern kein eigenes Land; wie noch zu Zeiten der britischen Kolonialherren, als man dort Indigo pflanzte, ackern sie für einheimische Großgrundbesitzer, denen sie einen beträchtlichen Teil ihres Ertrags abgeben müssen.

Viele Inder halten Biharis für schmutzig, dumm und kriminell und behandeln sie wie Aussätzige. Niemand scheint zu würdigen, wie Sitaram und seine Kollegen schuften, um das Land voranzubringen. Immerhin werden drei Viertel des indischen Warenverkehrs über die Straße abgewickelt. Mit über sechs Millionen Lastwagen. Wenn sie nicht rollen, herrscht, wie die Streiks gegen steigende Dieselpreise in den vergangenen Jahren gezeigt haben, auf dem ganzen Subkontinent Ausnahmezustand. Der Export stockt. Textil- und Automobilindustrie drosseln ihre Produktion. Die Förderbänder in Steinkohle-, Erz- und Glimmerminen stehen still. Auf Bauernmärkten, auf Hafendocks, in Lagerhallen verrotten Lebensmittel, und viele Inder kaufen panisch Reis und Weizen.

Kasten, Klassen, Volksstämme – die indische Gesellschaft ist ein komplexes Puzzle aus streng getrennten Parallelwelten. Berührungspunkte sind selten. Einer davon ist die Straße. Sitaram hält sich an der Tankstelle wie immer zurück, doch aus Lal Babu platzt es heraus: »Für die meisten Leute sind wir Dreck. Aber nimm dich in Acht, Fettsack! Wenn unser Baby über dein schickes Auto fährt, bist du platt wie Kuhscheiße.«

Und Tankwart Arun sagt einfach: »Wir Inder lieben unsere Wut.« Deshalb sei auf der Straße ein Leben wertloser als Staub.

Dank Aruns Übersetzung erfahre ich, dass Sitaram als ältestes Kind einer Bauernfamilie noch drei Brüder und zwei Schwestern hat. Warum ist er ausgerechnet Lastwagenfahrer geworden? »Wir hatten in Bihar nichts zu essen«, antwortet er mit seiner ruhigen Stimme und streicht sich die schwarzen Strähnen aus der Stirn. »Mit 13 Jahren schickte mein Vater mich zu einem Onkel nach Kalkutta.« Der Onkel war Trucker, und Sitaram ging bei ihm als *second driver* in die Lehre, wie es Lal Babu nun bei ihm tut.

Von seinem Chef erhält Sitaram eine Kilometerpauschale von 10,5 Rupien. Nach Abzug des Diesels bleibt ihm noch ein Fünftel für Straßengebühren, Bestechungsgelder, Verpflegung und kleinere Reparaturen. Weil sein Monatslohn kaum 100 Euro beträgt, muss Sitaram seinen Verdienst aufbessern, indem er bei den ohnehin kargen Spesen spart, also Checkpoints auf riskanten Routen umgeht, mit korrupten Beamten um jede Rupie feilscht, weniger isst und lieber ohne Licht und ohne Bremsen fährt, als den Truck auf eigene Kosten reparieren zu lassen. Lal Babu erhält als *second driver* von der Spedition monatlich 500 Rupien – neun Euro. Er ist auf den guten Willen und den finanziellen Spielraum von Sitaram angewiesen, der zudem regelmäßig Geld nach Bihar schickt, ohne das seine Familie dort kaum überleben könnte.

Sitarams ganzer Besitz sind ein paar Klamotten und die zerknitterten Familienfotos in der Tasche hinter dem Fahrersitz. Als einzigen kleinen Luxus gönnt er sich bisweilen ein Abziehbild, um seinen Truck zu verschönern. An der Windschutzscheibe kleben Hindugötter, hennabemalte Frauenhände mit rot lackierten Fingernägeln, rosarote Rosen, die junge Schauspielerin

Sana Mirza im kurzen Tennisröckchen, den Aufschlag einer Gegnerin erwartend, und Jesus Christus mit einem pulsierenden roten Herz in der Brust; darunter die Aufschrift *Jesus never fails*.

Sitaram hat zwei Wochen Urlaub im Jahr, um in Bihar am Chatth teilzunehmen, den religiösen Feierlichkeiten zu Ehren der Sonne; den Rest der Zeit lebt er im Lastwagen. Im indischen Transportgewerbe gibt es keine verbindliche Arbeitszeitenregelung. Gefahren wird 14 Stunden und mehr. Wenn Sitaram krank wird, verdient er nichts. Und in den Garagen der Speditionshöfe schläft ein ganzes Heer von Ersatzfahrern auf dem Boden; sie warten nur darauf, seinen Lastwagen zu übernehmen. »Das Fahren macht dich kaputt«, sagt Sitaram. »Und welche Frau heiratet schon einen Fernfahrer?« Deshalb will er in fünf Jahren aussteigen und mit dem verdienten Geld eine Apotheke in Bihar aufmachen. »Ein Fernfahrer ist ein Niemand, einen Apotheker grüßen die Leute auf der Straße.«

Bevor wir weiterfahren, lehrt mich Arun an der Tankstelle ein paar nützliche Dinge auf Hindi – *backar chodu* (Ziegenficker), *bandaa* (Halbschwanz), *bur ki chatani* (Fotzenketchup); dann streckt mir der Tankwart einen Stift und einen Zettel hin. Für ein Autogramm. »Vom weißen Sahib, der mit dem Laster nach Mumbai fuhr.«

In der vierten Nacht, irgendwo im Bundesstaat Chhattisgarh, durchqueren wir einen »Dschungel«. So heißen die Gebiete, die von bewaffneten Jugendgangs und Räubern beherrscht werden. Sie profitieren davon, dass der Zustand der Straße nur Schrittgeschwindigkeit zulässt. In solchen Regionen schließt sich Sitaram einem Konvoi an. Heute besteht er aus neun Lastwagen, die sich tagsüber entlang der Strecke gefunden haben. Wir rasten an einer verlassenen

Tankstelle mit einer einzelnen defekten Zapfsäule. In der mondlosen Nacht wirken die Kabinen wie Lichtkapseln, in denen Männer Musik hören, kochen, beten, dösen.

Später sitzen wir im Kreis der Lastwagen auf öligen Kartons am Boden: zwei Dutzend barfüßige Gestalten mit rußigen Gesichtern, das Haar struppig, die Finger schwarz. Vor uns stehen dampfende Töpfe mit Reis, Linsen, Okkra, Curry-Soßen. Jedes Fahrergespann hat etwas beigesteuert. Wir greifen mit der rechten Hand zu, und zum ersten Mal nennen mich Sitaram und Lal Babu nicht Sahib, sondern hängen meinem Namen ein *-ji* an, die Höflichkeitsform, mit der in Indien auch ältere Personen oder Lehrer angesprochen werden. »Michael-ji isst, was wir essen«, erzählt Lal Babu den anderen; um ihn zu verstehen, genügen seine überschwänglichen Gesten. »Michael-ji! Michael-ji!« Nach dem Essen lackieren sie meine Fingernägel kupferfarben wie ihre eigenen, weil sie die Farbe besonders hübsch finden, und ich lerne eine neue Vokabel: *dost*

– Freund. Dann wollen sie wissen, wo Deutschland liege. Fragend zeigen sie zuerst in die Richtung, aus der wir gekommen sind, und dann in jene, in die wir später weiterfahren werden. Ich zeige nach Westen. Sie nicken zufrieden. Dieselbe Richtung.

In dieser Nacht wird unsere Kolonne immer größer, zur Mittagsrast am folgenden Tag zähle ich 21 Lastwagen. Alle sehen sie gleich aus, doch es ist kein Problem, nach einer längeren Rast Sitarams Truck zu finden: Ich brauche nur nach den Abziehbildern Ausschau zu halten. Wir stehen auf einem Streifen aufgeplatzten Asphalts, vielleicht eine alte Straße. Es ist glühend heiß. Plastikmüll und Fäkalien dampfen in der Sonne, die Stimmen der Fahrer, hier und da ein Hämmern, Metall auf Metall, hinter einem Streifen Dickicht rauscht der Verkehr vorbei, und manchmal verstummt plötzlich alles, für einen Moment bleibt nur die knisternde zentralindische Stille; dann starten die Motoren, Reifen knirschen auf dem Schotter, die Containeraufbauten ächzen – und der Tata zieht hinaus auf den National Highway 6, westwärts Richtung Mumbai, einem neuen Etappenziel entgegen.

Mein Vokabular wächst stetig an. Ich kann jetzt sagen: Schlafen wir hier oder fahren wir weiter? Oder: Wie weit ist es noch zur nächsten Stadt? Aber weil ich die Antworten nicht verstehe, weiß ich nie, was als Nächstes passiert, kann ich mich auf nichts vorbereiten, nichts planen.

I am in love
I am in love
I – am – in – lo-ove

Wir singen ausgelassen mit, trommeln auf Armaturen und Lenkrad … Borasampar … Saraipali … Simga … Binkha … Mahasamund, Ortsnamen wie Zauberformeln, das Hinterteil des Containers wackelt im Takt der Musik, während uns die Beifahrer überholender Lastwagen Grußworte zurufen und durch den Fahrtwind Bananen oder Erdnüsse herüberreichen.

I am in love – in solchen Momenten ist der Song eine Hymne auf die indische Landstraße.

Doch bevor das Lied zu Ende ist: ein schwerer Unfall. Es scheint eben erst passiert zu sein. Umgeben von einer Menschenmenge liegt ein dunkelblauer Lieferwagen auf der Seite, völlig zertrümmert, die Scheiben zersplittert, aus der aufgesprungenen Heckklappe schlagen Flammen. Mit dem Rauch zieht der beißende Geruch geschmolzenen Kunststoffs herüber. Der Lieferwagen hat sich überschlagen und die Ladung dabei Feuer gefangen. Mehrere Gasflaschen liegen auf der

Straße; dazwischen lassen zwei verbogene Fahrräder und Blutlachen Schlimmes erahnen.

Gerade als wir vorbeifahren, lösen sich Männer aus der Menge, zerren den Fahrer des brennenden Lieferwagens hinter dem Lenkrad hervor und schleifen ihn über den Asphalt; einige schwingen die Fäuste, andere umklammern Hacken und Stöcke. »Anhalten, Sitaram! Halt an, vielleicht können wir helfen!« Doch Sitaram tritt aufs Gas und fährt sich mit dem Daumen über die Kehle, obwohl ich deutlich erkennen kann, dass der Mann noch lebt.

Was Sitaram mit seiner Geste genau gemeint hat, erfahre ich erst später an diesem Tag, als wir am Checkpoint vor Raipur den Bibliothekar Chandra Shekar treffen. Er spricht Englisch und kann übersetzen. »Wer einen Unfall verursacht, hält besser nicht an«, erklärt mir Sitaram emotionslos. Der hysterische Mob sei oft mehr daran interessiert, Gerechtigkeit walten zu lassen, als Erste Hilfe zu leisten. »Sie steinigen dich, sie hacken dich in Stücke.« Fremde, die sich einmischten, riskierten ihr Leben.

Shekar, ein kleiner Mann mit Bärtchen, rotem Hemd und schwarzer Bundfaltenhose, kann das aus eigener Erfahrung bestätigen. Vor ein paar Jahren habe er miterlebt, erzählt er, wie sein Bruder mit dem Auto eine Rikscha rammte, die, ohne auf den Verkehr zu achten, direkt vor ihm auf die Straße geschossen sei. »Wir hielten an und liefen ein paar hundert Meter zurück, um dem Fahrer zu helfen«, erinnert sich Shekar. »Da hatte sich schon eine Menschenmenge gebildet, die nach einem Schuldigen suchte.« Um nicht auf der Stelle gelyncht zu werden, mischten sich Shekar und sein Bruder unter den Mob und stimmten in sein Geschrei ein. »Wo steckst du, Hurensohn?«, skandiert Shekar noch einmal für uns und macht ein grimmiges Gesicht dazu. »Wir reißen dir die Eier raus! Wir bringen dich um!«

Für den einen ist das Chaos der indischen Straße tödlich, für den anderen ein Geschäftsmodell. Um sein karges Gehalt als Bibliothekar aufzubessern, profitiert Shekar davon, dass die Durchschnittsgeschwindigkeit in vielen indischen Zentren gerade noch fünf Stundenkilometer beträgt. Lastwagen ist es deshalb offiziell verboten, Raipur, die Hauptstadt von Chhattisgarh, zu bestimmten Tageszeiten zu durchqueren, um die vom Berufsverkehr überforderte City vor dem Verkehrsgau zu bewahren. Deshalb stellt sich Shekar – die Zeitung als Zeichen seiner Bildung und Seriosität gut sichtbar in der Hand – nach Feierabend an die Landstraße, um Trucker, die es eilig haben, auf Schleichwegen durch Raipur zu lotsen. 250 Rupien nimmt er für seine Dienste – vier Euro.

Wir sparen uns das Geld und legen am Checkpoint vor der Stadt eine Rast ein, bis das Fahrverbot ausläuft. Hunderte von Trucks parken in drei Reihen beiderseits der Landstraße. Dahinter liegen mehrere Dutzend *dhabas*, Raststätten für Lastwagenfahrer, meist nicht mehr als ein strohgedecktes Dach auf Pfählen. Wir setzen uns auf die hölzernen Pritschen, die gleichzeitig als Sitzfläche und Tisch dienen, und bestellen Chapati und Dal. Um uns herum essen Fahrer, trinken Tee, reden, rauchen, schlafen; es riecht nach Diesel, Schweiß und Curry. Lehmöfen, Kochfeuer, verrußte Wände; auf einem Kühlschrank flimmert der Fernseher, gegen den Staub in Plastik gehüllt, aus Lautsprechern plärrt Musik, allmählich wird es dunkel, Lastwagen fahren weg, neue kommen an, in ihren Abgasen bricht sich das zuckende Licht der Neonröhren.

Überall entlang der Fernstraßen Indiens stellt eine gewaltige Industrie bereit, was die Fahrer brauchen: Verpflegung, Mechanik, Tempel, Sex. Auf dem Subkontinent sind Lastwagenfahrer stigmatisiert als mutwillige Überträger von HIV. Eine Langzeitstudie des Indian Council of Medical Research hat ergeben, dass bis zu sieben Prozent der Trucker mit dem Virus infiziert sind. »Fahren, fahren, fahren«, klagt ein Alter, der zwar Englisch spricht, aber kaum mehr Zähne im Mund hat. »Nur einmal im Jahr bin ich zu Hause bei meiner Frau.« Dreimal die Woche suche er Prostituierte auf. Er überlegt kurz und fügt hinzu: »Mehr als hundert im Jahr.«

Bisher habe ich die Frauen nie zu Gesicht bekommen. Nur die nächtlichen Blinkzeichen der Zuhälter an einsamen Landstraßen und die Kondome, die morgens auf den Rastplätzen herumliegen, lassen auf Prostituierte schließen. »Gefickt wird im Truck, unterm Truck, in den Parkreihen«, freut sich der Zahnlose. »Oder im Puff.« Viele der *dhabas* dienen als Bordelle. Als ich mir ein Bild von der Situation machen will, wehrt Sitaram entschieden ab. »Diese Frauen sind schmutzig«, sagt er unter dem Gelächter des Alten, der für uns übersetzt. »Sie haben Krankheiten. Sie interessieren mich nicht.« Sitaram pocht auf hinduistische Grundsätze. Auf seine gute Erziehung. »Wenn du da reingehst, steigst du sofort aus meinem Lastwagen aus«, sagt er, und sein sonst so freundlicher Blick wird feindselig. Ich will nach Mumbai. Und Sitaram bleibt eisern.

Als ein paar Tage später der Kühlerschlauch reißt, flickt er ihn mit Kondomen aus dem Handschuhfach. Vielleicht hat er mir doch nicht alles erzählt.

An einem einsamen Holzverschlag an der Landstraße kauft Sitaram Abziehbilder, bunte Seidentücher und rote Wimpel mit goldenen Fransen. Lange sitzt er in dieser Nacht noch im blauen Licht der Kabine, als grüble er über die passenden Stellen für das erworbene Dekor. Schließlich hängt er die Wimpel an die Außenspiegel und die Seidentücher an die Blinklichter, zieht nacheinander die Bilder ab, klebt sie sorgfältig auf die Windschutzscheibe und streicht fast zärtlich über Sana Mirzas rosige Wangen und Mandelaugen; dann löscht er das Licht und geht schlafen.

Die ganze Nacht wischen Scheinwerfer über unsere Gesichter. Wir stehen direkt am Highway. Vorbeirasende Lastwagen rütteln an der Kabine. Es ist brütend heiß, doch wir wagen nicht, die Fenster auch nur einen Spalt breit zu öffnen. Banditen fallen nachts oft über die Fahrer her, um ihnen das Spesengeld zu rauben; sonst würden wir unter den Sternen schlafen.

Am Morgen schreibe ich ein neues Wort in mein Vokabelheft: *maidan*. So wird ein großer Platz in der Stadt genannt. Unser *maidan* ist ein abgeerntetes Reisfeld, auf dem wir gemeinsam in die Hocke gehen, um unbeeindruckt vom vorbeifahrenden Verkehr unsere Notdurft zu verrichten und den Hintern mit ein wenig Wasser in der linken Hand abzuwischen. Wenn Lal Babu vergessen hat, den Kanister aufzufüllen, tut es auch eine Erdscholle.

Als *second driver* ist Lal Babu Mädchen für alles, unter dem Einfluss des Marihuanas lässt sein Elan jedoch stetig nach. Er blüht erst wieder auf, als er in Raipur das Steuer übernehmen darf, damit Sitaram sich ausruhen kann. Das Halstuch um die Stirn gebunden, dreht er den Kassettenrekorder auf, nimmt die Hände vom Lenkrad und lässt sie zur Musik kreisen; dann rammt er die Gänge wie Faustschläge in den Bauch des Tata und schwellt die Brust, um den

Mädchen zu imponieren. *I am in love.* Soll Sitaram von seiner Apotheke in Bihar träumen, er, Lal Babu, will Fernfahrer werden, ein *king of the highway*, wie er ihn aus amerikanischen Videos kennt.

An der Peripherie von Raipur: der nächste Stau. Stundenlang ist der Verkehr lahmgelegt. In der Stadt soll es wundervolle Gärten, Seen und Paläste geben, doch als es endlich wieder weitergeht, bekommen wir nur Kinder zu sehen, die in verbranntem Müll stochern. Auf einem staubigen Rechteck an der Straße spielen Jungs Kricket. Tankstellen, Werkstätten, verrußte Betonskelette. Schmutzwasser mäandert über die Fassaden der Wohnsilos, die triste Kalligraphie indischer Vorstädte. Ein Hund – schwarzweiß – läuft auf die Straße. Lal Babu nimmt ihn geschickt zwischen die Vorderreifen, gleich darauf gibt es einen dumpfen

Schlag und die Hinterachse rutscht etwas zur Seite. Lal Babu macht eine wegwerfende Handbewegung und dreht die Musik lauter. Leben, Tod, Leben – die indische Straße hält das Rad der Wiedergeburt in stetiger Bewegung; auf Erlösung braucht hier niemand zu hoffen.

Trotzdem – oder vielleicht gerade deshalb – sind die Götter mit an Bord. Über den Armaturen hängt an einem einfachen Altar im Dunst der Räucherstäbchen das Bild von Durga. Wie alle indischen Fernfahrer verehren auch Sitaram und Lal Babu ihre sechsarmige, Säbel schwingende Schutzgöttin, die auf einem Tiger reitet. »Die schwer zu Begreifende« wird im Hinduismus als Große Mutter verehrt und gewährt als Schöpferin und Erhalterin Nahrung und Fruchtbarkeit. In ihrer Inkarnation von Kali jedoch verfügt Durga, die Göttin der Straße, über enorme zerstörerische Kräfte. Früher verlangte ihr Kult Menschenopfer.

In der Gegend von Chichola stellen wir uns vor einer Art religiösem Drive-in an. Ein rundlicher Hindu-Priester mit rotem Wickeltuch und freiem Oberkörper ruft Durgas Segen auf eine Parade aus Lastwagen herab. Sitaram klebt Durga-Abziehbilder an die Scheiben, hängt frische Papierblumen an Durgas Altar über den Armaturen, ersetzt die speckigen Stoffvorhängchen durch neue aus gehäkelter grüner Wolle mit goldenen Perlen und Quasten. Während wir selbst immer abgerissener daherkommen – verschwitzt, schmutzig, das Haar struppig und zerzaust –, wird Sitarams Lastwagen von Tag zu Tag schöner.

Als wir an der Reihe sind und der Hindu-Priester uns herbeiwinkt, zündet Sitaram Räucherstäbchen an, umrundet den Tata mit einer Kokosnuss, zerschmettert sie vor der Kühlerhaube auf dem Asphalt und legt eine Zitrone unter jeden Reifen. Der Priester spricht ein Gebet, wiederholt dreimal den Namen der Tigergöttin und tupft mit dem Daumen rote Segenszeichen auf die Scheinwerfer und unsere Stirn. Sitaram startet den Motor und zerquetscht die Zitronen unter den Reifen – eigentlich zu erwarten, für ihn jedoch ein gutes Omen –, dann geht es zurück in die Arena, hinaus in eine weitere Schreckensnacht. In die fünfte. Oder ist es schon die sechste?

Der Priester hat mir etwas für mein Vokabelheft mitgegeben, einen Satz wie die erste Zeile eines Gedichts: *Sher raat ko shikaar kartaa hai* – Der Tiger jagt nachts. Fressen. Gefressen werden. Zum Glück ist Sitaram ein guter Fahrer. Seine Gelassenheit wirkt oft Wunder. Doch die anderen müssen genauso gut sein. Jeder von ihnen. Ein einziger genügt, nur einer von denen, die wir an den Rastplätzen treffen, wo sie statt Tee billigen Schnaps trinken und sich mit Dope und *doda* aufputschen, einer Mischung aus Betelnuss und Opiumpuder, um uns wenig später mit Vollgas und 40 Tonnen im Rücken auf der Überholspur entgegenzukommen.

JAMUNA TRANSPORT CORPORATION LTD.

EIN LETZTER TEE

I am in love. Sitaram singt. Lal Babu starrt ins Leere. Stoned. Sie dürfen sich getrost auf ihre Götter verlassen. Durga wird es schon richten. Oder der elefantenköpfige Ganesh, der seine vier Arme schützend über Reisende ausbreitet. Gebrauchtwagenfahrer halten sich an Vishwakarma, den Großen Ingenieur und Gott der Ersatzteile. Für die meisten Inder ist es unvorstellbar, eine Reise ohne den Segen der Götter anzutreten. Karma ist wichtiger als Sicherheitsabstand und intakte Bremsen. Traktoren ohne Licht, umgestürzte Kleinbusse, gesichert nur von Akazienzweigen, heilige Männer, die auf Tempelelefanten über die Autobahn reiten – das alles wird gelenkt von einer höheren Vernunft als der Straßenverkehrsordnung.

Hinter Amravati im Bundesstaat Maharashtra tanzt ein bärtiger Zwerg mit irrem Gesicht in den Aufblendlichtern, mitten auf dem Highway, splitternackt, ein schmutziges Tuch vor der Brust ausgebreitet, um ein paar Rupien aus den Fahrzeugen aufzufangen, die wie ein Hornissenschwarm auf ihn zurasen. Gibt es ein stärkeres Bild für das Gottvertrauen, welches nicht nur das Verkehrschaos in Indien, sondern den gesamten Subkontinent anzutreiben scheint? Für eine Ergebenheit in das eigene Schicksal, in der eine gewisse Verzweiflung an den Dingen, aber auch eine unantastbare Würde aufscheint?

In Akola, der Baumwollstadt, verlassen wir den National Highway 6 und fahren auf Nebenwegen weiter. Nach fast 1600 Kilometern und sieben Tagen. Im Schneidersitz. Mein Rücken schmerzt, der Nacken ist steif, die Waden krampfen, ständig schlafen meine Füße ein. Um in der winzigen Kabine meine Glieder zu entspannen, bleibt mir nur, mich zur Belustigung Sitarams und Lal Babus auf dem Motorblock neben der Gangschaltung auszustrecken, rücklings, mit dem Kopf voran, ohne Blick auf die Straße. Bei einer Vollbremsung würde ich wie ein Torpedo durch die Windschutzscheibe krachen.

Draußen im Mittagswind flimmern sonnenverbrannte Gräser und Akazien. Die kreisrunden Teppiche roter Blüten unter den Feuerbäumen sind die einzigen Farbtupfer in der Landschaft. Erst in der Ebene von Aurangabad gedeihen – wie in riesigen Oasen – Reis, Mais, Weizen, Trauben, Zuckerrohr. Bauern mit rosafarbenen Turbanen fahren auf Traktoren die Ernte ein. Aufgeräumte Dörfer ziehen an uns vorüber … Jawal … Ami … Kalgaon … auf den kleinen Terrassen einstöckiger Häuser verlesen Frauen, die Ohren von schwerem Goldschmuck langgezogen, das Korn. Treppen führen hinab zu kleinen Teichen mit Wasserbüffeln und planschenden Kindern. Kokospalmen, Mango- und Papayabäume. Affen auf Tempeltürmen.

Nach all den nächtlichen Schreckensvisionen und der Todesangst auf zerlöcherten Pisten ist es eine tragische Ironie, dass uns ausgerechnet hier das Glück verlässt. Auf einer nagelneuen vierspurigen Autobahn. Mit blühendem Hibiskus auf dem Mittelstreifen, am helllichten Tag. Sitaram fährt links ran, ein Stopp, wie wir ihn hundert Mal eingelegt haben, doch plötzlich sackt der Tata zur Seite, neigt sich immer weiter, droht umzukippen – und hält schließlich wie durch ein Wunder inne. Vorsichtig klettern wir aus der Kabine und sehen, dass der Seitenstreifen nur locker aufgeschüttet ist. Das Gewicht des Tata hat ihn eingedrückt. Einzig der Stamm einer jungen Akazie, die sich unter der Last des Aufbaus biegt, scheint zu verhindern, dass der Truck auf die Seite fällt.

Sitaram nimmt eine Rikscha nach Aurangabad. Stunden später kommt er mit zwei fahrbaren Kränen zurück. Wir hocken auf unseren Sandalen im Staub, während der Kranführer, ein Mann mit weit vorgewölbten Augenbrauen und entschlossenem Blick, einen Beutel mit Kautabak aufreißt und ihn in den Mund leert; dann zieht er den Knüppel der Winde hoch. Keine Wolke am Himmel. Die Sonne hat die Farben aus der Luft gebrannt. Im Osten zittern Tafelberge über der Ebene. Das Stahlseil spannt sich. Langsam richtet sich der Tata auf und wird vom zweiten Kran hinüber auf den Asphalt gehievt.

Am Nachmittag fahren wir wieder. Doch zum ersten Mal auf unserer Reise läuft keine Musik. Schweigend hängen wir unseren Gedanken nach. 14.000 Rupien haben die Kräne gekostet. Die Spedition hat den Betrag übernommen, wird ihn Sitaram jedoch vom Gehalt abziehen. Umgerechnet 250 Euro – ein Vermögen. Was wird aus Sitarams Apotheke? Und wie lange wird seine Familie in Bihar ohne monatliche Überweisungen auskommen müssen? Unsere Blicke treffen sich. »Die Straße kannst du nicht bezwingen,

San
Mirza

SEALED BEAM FOR

Michael-ji«, sagen seine Augen. »Die Straße bleibt immer Siegerin.«

Seit der Panne spitzen sich die Spannungen zwischen Sitaram und Lal Babu zu. Der *second driver* schaut nicht mehr nach dem Motor, wechselt Reifen nur noch unter Flüchen, bereitet ungenießbares Essen zu. Hinter Nasik soll er sich an einem Checkpoint um die Papiere kümmern, doch er ist nicht wachzukriegen, zugedröhnt, abgetaucht in eine Welt, in der es keine Killerstraßen und keine unbefestigten Seitenstreifen gibt, keine Knochenarbeit, keine Hitze, keinen Dreck.

Als Lal Babu bei einer Pinkelpause endlich aufwacht, nur um sich gleich den nächsten Joint zu drehen, packt der sonst so gelassene Sitaram seinen Beifahrer am Kragen und schreit ihm die aufgestaute Wut ins Gesicht. Da steigt Lal Babu einfach aus, ohne ein Wort, und geht die Landstraße hinunter. Irgendwo im indischen Hinterland, ohne eine Rupie in der Tasche, geht er seiner ungewissen Zukunft entgegen, ein barfüßiger Bihari, keine 18 Jahre alt, der seinen Traum vom *king of the highway* abschreiben muss. Eine der zahllosen Tragödien der Straße, die in keiner Verkehrsstatistik auftauchen.

Eben noch war Sitaram völlig außer sich und kurz davor gewesen, seinen *second driver* zu verprügeln. Jetzt fährt er wieder. Ohne Lal Babu. Den Blick wie immer auf die Straße gerichtet. Ausdruckslos, als sei nichts passiert. Komme ich Indien näher? Ein wenig zumindest? Seit Kalkutta springt es unablässig zwischen zwei Extremen hin und her, zwischen Sitarams stoischer Gelassenheit und seinem fatalistisch anmutenden Gottvertrauen auf der einen Seite und dem erbarmungslos geführten Kampf der Fahrer um Geld und Zentimeter auf der anderen.

Die ganze Zeit habe ich mich gefragt, wie das zusammenpasst, und nun erahne ich in Sitarams starrem Blick, dass Ruhe und Angriffslust für ihn gar keinen Widerspruch bilden. Vielmehr scheinen sie das Rezept zu sein, um hier draußen zu überleben. Gebete *und* Ellbogen. Durga *und cut-throat.* Gute Erziehung *und* Halbschwanz und Ziegenficker. Diesen Spagat hat Lal Babu nicht beherrscht. Vielleicht ist er deshalb auf der Strecke geblieben.

Neunter Morgen. Von Neem-Bäumen gesäumte Alleen. Kühe auf abgeernteten Baumwollfeldern. Eine Hündin trägt ein zerrupftes Huhn über die Straße, die Beute der Nacht. Sitaram ist durchgefahren. Er sieht mitgenommen aus, und ich unterstütze ihn, so gut es geht, lehne mich beim Überholen aus dem Fenster, weise ihn in Parklücken ein, hole Wasser, weil der Kühler leckt. Sitaram lässt das förmliche *-ji* jetzt fort und nennt mich einfach beim Namen. »Michael, second driver«, sagt er dann. Oder einfach nur: »Ah, Michael!«

Seit unserer Panne auf dem Seitenstreifen schreibe ich nichts mehr in mein Vokabelheft. Es ist nicht mehr wichtig, in welcher Stadt oder Gegend wir uns befinden, wie lange wir noch fahren, ob oder wann es nach einer Rast weitergeht, wie viele Nächte es noch bis Mumbai sind. Wir folgen einer Landstraße, die aus einem Horizont kommt und im anderen verschwindet, begleitet von den nasalen Vokalen der Reifen auf dem Asphalt, dem Selbstgespräch des Motors, dem Brausen des Fahrtwinds, einem kontinuierlichen Strom von Lauten, von der Grammatik der Straße zu Silben, Wörtern und Sätzen verbunden, mit denen ich mich mühelos mit Sitaram verständige. Es ist, als hätten wir – jenseits meines Vokabelhefts – eine ganz natürliche gemeinsame Sprache gefunden, der Musik nicht unähnlich.

I am in love. Endlosschleife. Kurz vor Einbruch der Nacht erheben sich links und rechts die senkrechten Wände von Tafelbergen, felsig und schroff wie Festungen, und die Straße schlängelt sich hinab in die Küstenebene am Indischen Ozean.

Wie von nächtlichen Waldbränden lodert am Horizont ein roter Schimmer. Es sind die Lichter jener Stadt, von der die Massen in ganz Indien träumen, eine Insel der Hoffnung, die größte, reichste, am schnellsten wachsende Metropole des Subkontinents – Mumbai.

Spät in unserer zehnten Nacht halten wir am Nasik Express Highway, 30 Kilometer vom Stadtzentrum entfernt, vor dem Werktor einer Schuhfirma. Mein Rücken fühlt sich an wie in Beton gegossen, meine Hüftgelenke pulsieren, der Kopf hämmert, es fällt mir schwer, mich zu konzentrieren. Erst nach einer Weile begreife ich: Wir sind am Ziel, nach 226 Stunden und einer durchschnittlichen Geschwindigkeit von knapp zehn Kilometern, ausgebrannt, erschlagen – aber dankbar: Wir leben.

Mumbai unterscheidet sich an der Peripherie in nichts von der Welt, die hinter uns liegt. Trucks, endlose Kolonnen. Asphaltschleifen. Verschläge von Reifen- und Motorenflickern. Wohntürme, Schornsteine von Industrieanlagen. Weit im Westen, wo das Stadtzentrum liegen muss, wachsen weiße Lichtblumen in den Nachthimmel; näher kommen wir dem Mythos Mumbai nicht.

Von meinen Fingernägeln blättert der kupferfarbene Lack, mit dem die Fahrer sie bestrichen haben in jener Nacht im Bundesstaat Chhattisgarh, als unser Konvoi im »Dschungel« an der verlassenen Tankstelle rastete. Jetzt stehen wir etwas hilflos vor einer *dhaba*, trinken einen letzten Tee, tauschen Telefonnummern aus und umarmen uns; dann steigt Sitaram in den Tata, lässt den Motor an und stellt sich in die Schlange vor dem Werkstor.

Ein paar Monate später bin ich wieder in Kalkutta. Mister Prasad bekommt zum Dank für seine Vermittlung ein Brandenburger Tor aus hübsch lackiertem Gips. Er stellt es auf den Hausaltar, gleich neben das signierte Foto von Günter Grass. Sitarams Nummer ist tot. Für die Spedition fährt er nicht mehr. Seine Kollegen zucken die Schultern. Selbst Mister Prasad kann nichts über ihn in Erfahrung bringen. Niemand weiß, was aus Sitaram Roy geworden ist.

DANK

Mein besonderer Dank gilt Mister Prasad, Sitaram Roy und Lal Babu und allen Lastwagenfahrern, denen ich auf meiner Reise begegnet bin.

Till Hein unterstützt mich seit Jahren als Freund, Journalist und Erstleser meiner Reportagen mit wertvollen Anregungen und Ideen. Auch *Karma Highway* durfte von seinem klaren Blick und seinen dramaturgischen Kniffen profitieren.

Außerdem danke ich Arshia Sattar und DW Gibson, die mich als »Writer in Residence« in das Sangam House in Südindien einluden, eine Oase für Autorinnen und Autoren aus aller Welt, in der ich einen großen Teil meines Buches *Chatwins Guru und ich* schreiben konnte. Seine Handlung ist auf dem Balkan angesiedelt; in meiner Schreibklause bewegte ich mich irgendwo zwischen Serbien, Rumänien und

Mazedonien, während draußen – im echten Leben – Indien pulsierte. Als Reisender ist dies ein schwer zu ertragender Zustand, der an Folter grenzt. Nach dem Ende der Residenzzeit reiste ich nach Kalkutta, um das Versäumte nachzuholen und auf dem National Highway 6 – endlich – mit Leib und Seele in jene Welt einzutauchen, in der ich mich schon seit Monaten aufgehalten hatte.

MICHAEL OBERT ließ mit 27 Jahren auf dem Amazonas seine Karriere als Manager hinter sich und wurde zum Reisenden. Heute gehört er zu den bekanntesten Reportern im deutschsprachigen Raum. Seine vielfach preisgekrönten Reportagen, vor allem aus Afrika und dem Nahen Osten, erscheinen in renommierten deutschen Magazinen sowie in zahlreichen internationalen Medien. Er wurde unter anderem mit dem Deutschen Reporterpreis und dem Otto Brenner Preis ausgezeichnet. Sein Regiedebüt, der Kinofilm »Song from the Forest«, wurde mit mehreren internationalen Dokumentarfilmpreisen prämiert und schaffte es 2016 in die Vorauswahl für die Oscars. Michael Obert lebt in Berlin.

SPURLOS VERSCHWUNDEN

Es ist eines der größten Rätsel der Luftfahrtgeschichte: das Verschwinden des Passagierjets MH370 über dem Indischen Ozean. Forscher aus aller Welt suchten das Wrack. Doch die Hoffnung der Hinterbliebenen gilt nicht mehr ihnen, sondern einem Amerikaner, der Indiana Jones verehrt und seinem Instinkt folgt, statt dem Rat von Experten.

DER HECKMOTOR LEIERT, DER FAHRTWIND KÜHLT DIE AFRIKANISCHE HITZE RUNTER. BLAINE GIBSON IST UNTERWEGS AUF EINER REISE GEGEN ALLE WAHRSCHEINLICHKEIT.

Originalausgabe | April 2017

Hardcover | Format: 10,3 x 15 cm
88 Seiten

ISBN 978-3-7701-6973-3
[D] € 8,- | [A] € 9,- | sfr 12,50

TRUE TALES

DUMONT

DER LETZTE TÖRN

Die mysteriöse Ermordung eines jungen deutschen Weltumseglers in der Südsee sorgt weltweit für Schlagzeilen. Während Ermittler, Anwälte und Hinterbliebene rätseln, reist ein junger amerikanischer Reporter zum Tatort, spricht mit Angehörigen und Freunden des mutmaßlichen Täters – und deckt auf, was niemand für möglich gehalten hätte.

SIE BEGEGNETEN IHM AUF IHRER REISE INS PARADIES, JENEM GUTAUSSEHENDEN EINHEIMISCHEN. ER HATTE EIN STRAHLENDES LÄCHELN UND EIN DUNKLES GEHEIMNIS.

Aus dem Englischen von Monika Baark
Deutsche Erstausgabe | April 2017

Hardcover | Format: 10,3 x 15 cm
80 Seiten

ISBN 978-3-7701-6975-7
[D] € 8,– | [A] € 9,– | sfr 12,50

TRUE TALES
DUMONT

ALLEIN IM ATLANTIK

Mitten in der Nacht auf dem Nordatlantik: Durch eine unbedachte Bewegung stürzt John Aldridge über Bord seines Fangboots »Anna Mary«. Ohne Zeugen, ohne Schwimmweste oder Notsignal beginnt für den Fischer ein Albtraum, aus dem es kein Entrinnen zu geben scheint.

ALLEIN IM WASSER VERSUCHTE ER, SEINE STÄRKE ZU NUTZEN, UM DIE ANGST IN DEN GRIFF ZU BEKOMMEN. KEINE NEGATIVEN GEDANKEN, SAGTE ER ZU SICH SELBST. BLEIB POSITIV. BLEIB STARK …

Aus dem Englischen von
Werner Löcher-Lawrence
Deutsche Erstausgabe | April 2017
Hardcover | Format: 10,3 x 15 cm | 80 Seiten
ISBN 978-3-7701-6971-9
[D] € 8,– | [A] € 9,– | sfr 12,50

TRUE TALES
DUMONT

ALBTRAUM ARKTIS

Als erster Mensch versucht Thomas Ulrich, allein den Nordpol zu überqueren, von Sibirien nach Kanada, bei Temperaturen bis zu -45 °C. Doch kurz nach dem Aufbruch: die Katastrophe. Ein Sturm zieht auf. Auf einer einzelnen Scholle driftet der Abenteurer hinaus auf den arktischen Ozean, und unter seinen Füßen zerspringt das Eis ...

DREI TAGE LANG HAT ER NICHT GESCHLA-FEN. ER IST KALT, NASS, HALBTOT. ES GEHT NICHT MEHR UMS HELDSEIN JETZT, FÜR THOMAS ULRICH, ES GEHT UMS ÜBERLEBEN ...

Originalausgabe | April 2017
Hardcover | Format: 10,3 x 15 cm
120 Seiten
ISBN 978-3-7701-6972-6
[D] € 8,- | [A] € 9,- | sfr 12,50

TRUE TALES
DUMONT

TRUE TALES

DUMONT